AF341404

MÉTHODE COMPLÈTE DE LECTURE,

PRÉPARANT A LA CONNAISSANCE DE L'ORTHOGRAPHE ET DE LA BONNE PRONONCIATION,

A L'USAGE DES ENFANTS DES VILLES ET DES CAMPAGNES,

DES ADULTES ET DES ÉTRANGERS,

PAR M. PIROUX,

Ancien élève-professeur de l'Institut royal des sourds-muets de Paris, Directeur de l'Institut des sourds-muets de Nancy, membre de la Société royale des Sciences, Lettres et Arts de la même ville, de la Société d'émulation du département des Vosges et de la Société grammaticale de Paris.

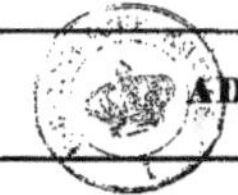

ADOPTÉE PAR LE CONSEIL ROYAL DE L'INSTRUCTION PUBLIQUE.

EXPOSITION.

Cette méthode de lecture est complète, non-seulement en ce qu'elle embrasse tous les procédés connus, mais encore en ce qu'elle surmonte l'ensemble des difficultés.

Dans un ouvrage que nous avons publié (1) nous avons établi qu'il n'existe que cinq méthodes de lectures fondamentales, encore ne les avons-nous qualifiées de méthodes que pour paraître entrer davantage dans les vues de leurs auteurs, car elles ne sont au fond que des procédés particls, et non une série de moyens rigoureusement coordonnés avec à la série des difficultés à vaincre.

Celle de ces méthodes qui se présente la première, c'est la méthode iconographique ou avec des images. Elle est sans contredit, pour les plus jeunes enfants, la plus attrayante de toutes ; mais comme elle n'a guère servi jusqu'ici qu'à enseigner les noms usuels des lettres, il s'ensuit qu'elle n'a eu de puissance que pour aider à faire faire le premier pas, lequel est de tous le plus facile. Dans notre méthode au contraire le dessin a reçu toute l'extension dont il est susceptible. En effet, que pourrait-il fournir de plus que des tableaux qui interprètent des phrases instructives et amusantes où se rencontrent sans mélange les éléments simples de la lecture ? Ce sont ces tableaux que d'abord le Maître enseignera à l'élève de manière à lui faire connaître et retenir les phrases correspondantes.

La seconde méthode est celle du célèbre Jacotot, laquelle roule sur un procédé de décomposition et de recomposition aussi ancien que le monde ; c'est pourquoi son efficacité ne saurait être mise en doute. Mais telle qu'elle est généralement employée, elle est sous plusieurs rapports très-défectueuse : outre qu'elle abuse de l'analyse naturelle, elle attend tout de l'occasion. C'est pour cette raison que nous en avons réduit l'usage à nos premières phrases, que, de plus, nous avons eu soin de présenter dans un mécanisme où les rapports des parties et du tout sont en quelque sorte rendus visibles. Le Maître fera donc lire et relire ces phrases ainsi que les mots, les syllabes, les sons et les articulations, dont elles sont composées. Loin de s'astreindre dans ces exercices à une marche déterminée, il pourra, au moyen d'une baguette ou avec le doigt, porter au hasard l'attention de l'élève sur tel ou tel élément.

La troisième méthode est fondée sur le procédé de la nouvelle épellation, dont l'objet est avant tout d'enseigner promptement à lire. Libre d'inquiétude sur les difficultés qu'elle peut omettre, et sur celles qu'elle peut créer pour l'avenir, cette méthode commence par affecter aux lettres des dénominations nouvelles, plus commodes peut-être pour les premiers progrès, mais à coup sûr nuisibles aux études ultérieures : aussi ne s'applique-t-elle avec quelque avantage qu'à la lecture des mots écrits selon la prononciation, qui, on le sait, sont en petit nombre dans la langue française. C'est pour cet usage seulement que nous l'avons adoptée, ayant soin de faire ressortir la valeur de chaque consonne en l'accompagnant de l'e muet, et de bannir par là les noms absurdes et ridicules, be, ce — que, de, etc. Ce procédé, réduit à sa juste valeur, est applicable dans notre méthode de la 1.re leçon à la 24.e, mais plus particulièrement de la 17.e à la 24.e. Ajoutons que telle qu'elle est connue aujourd'hui, cette méthode peut-être accusée de n'avoir aucune racine dans le bon sens public, de marcher en sens inverse de la connaissance de l'orthographe, et enfin de ne reposer que sur de grossiers moyens de mnémonique extrêmement dangereux pour les études primordiales.

La quatrième méthode est celle qui s'appuie sur le procédé de l'ancienne épellation. Assurément elle est la plus ancienne et la plus connue. Nous la qualifierions volontiers de méthode par excellence, quoiqu'elle nous ait été léguée dans un état d'imperfection bien fait pour soulever des objections et occasionner de véritables inconvénients. Groupées autour d'elle les autres méthodes sont ce qu'elles peuvent et doivent être, des moyens pour attaquer de plus loin la difficulté et des correctifs pour parer aux abus. Les noms qu'elle donne aux lettres sont essentiellement nationaux, et elle ne les abandonne jamais. Le mode d'épellation auquel elle donne lieu, s'applique non-seulement aux cas réguliers, mais encore au cas irréguliers, et il conduit directement aux études orthographiques. De tels avantages lui donneront toujours une grande supériorité aux yeux des personnes qui ne se laissent pas éblouir par la fausse logique de ses détracteurs. Nous en faisons particulièrement usage de la 25.e leçon à la 40.e, bien qu'il soit possible et souvent avantageux d'en étendre beaucoup plus l'emploi.

La cinquième méthode repose sur le procédé dit sans épellation, lequel tend à faire lire de prime-abord les syllabes sans les décomposer et même sans nommer leurs éléments. Ce procédé, inventé il y a peu d'années pour obvier aux abus des deux modes d'épellation connus, a l'inconvénient d'être par lui-même tout-à-fait insuffisant et fort difficile à mettre en pratique pour le plus grand nombre des Maîtres et des élèves. Pour nous, nous ne l'adoptons que comme un moyen de faire cesser toute épellation aussitôt que possible, et c'est principalement de la 41.e leçon à la 72.e que l'épellation peut réellement être supprimée, car, voyant au-dessus d'un exercice toutes les manières d'écrire le son ou l'articulation qui s'y rapporte, l'élève pourra véritablement lire sans épeler les mots qui entrent dans cet exercice.

A ces cinq sortes de méthodes de lecture nous serions peut-être en droit d'ajouter la nôtre comme une sixième, si c'était un titre suffisant pour former une classe à part, que de résumer en un seul et même système tous les procédés connus, procédés qui ont cela de remarquable que dans l'ordre dans lequel nous les avons disposés, ils conduisent de la parole à l'écriture et de l'écriture à la parole. Mais à cet égard nous ne ferons pas nous-même l'éloge de notre propre ouvrage : qu'il nous soit permis seulement de dire que ce n'est qu'après de mûres réflexions que nous nous sommes déterminé à mettre au jour le fruit de notre expérience et de nos recherches. Les Maîtres apprécieront sans doute les avantages propres à une méthode qui met à sa véritable place chaque difficulté et chaque moyen, qui n'omet rien et ne répète rien inutilement, qui prépare à la connaissance de l'orthographe, et qui enfin est à la portée de toutes les intelligences.

Notre propre expérience et celle d'un grand nombre de Maîtres et de Maîtresses, nous ont surabondamment prouvé qu'avant d'être arrivé à la fin de notre méthode, l'élève peut s'essayer avec succès à lire dans les petits ouvrages destinés à l'enfance. Mais à ce sujet nous recommanderons d'ajourner le plus long-temps possible la lecture courante dans un de ces livres, de peur que l'élève ne s'accoutume à lire mal là où seraient des difficultés qui ne lui auraient pas été enseignées. Beaucoup de personnes ont eu l'heureuse idée d'emprunter à nos exercices les matériaux d'une méthode d'écriture et des dictées d'orthoghraphe. C'est un exemple bon à suivre. Nous ne dirons rien sur celles de nos leçons qui roulent sur la Ponctuation, la Numération, la Lecture courante, et la Lecture du latin, sinon qu'un habile instituteur peut en tirer un excellent parti.

Ce qui dans nos 22 tableaux est en lettres italiques n'est destiné qu'aux Maîtres.

Cette Méthode existe aussi sous forme de livre à l'usage des élèves (1).

(1) Se vend chez les mêmes Libraires, Prix : 80 centimes.

PARIS, Chez   Poilleux, libraire, quai des Augustins.
      Maire-Nyon, libraire, quai Conti.
      Delalain, libraire, rue des Mathurins.
NANCY, Chez   Vidart, libraire, rue du Pont-Moujâ.

PRIX : 3 fr.

NANCY, IMPRIMERIE DE V.e HISSETTE.

(1) *Examen comparatif de toutes les méthodes de lecture.* Se vend chez les mêmes Libraires, Prix : 1 fr

MÉTHODE PROGRESSIVE DE LECTURE.

1.re LEÇON.

Phrase et mots.

victor va à l'école

Mots et syllabes.

vic tor va à l'é co le

Syllabes, sons (1) et articulations. (2)

(1) i | o | a à é | o e
(2) v c | t r v | l' c | l

Exercice sur les sons et les articulations.

ve, a, te, i, re, o, e, le, a, cue, é.

2.e LEÇON.

Phrase et mots.

il écoute l'instituteur

Mots et syllabes.

il é cou te l'in sti tu teur

Syllabes, sons et articulations.

i | é | ou | e | in | i | u | eu
l | | c | t | l' | st | t | t | r

Exercice sur les sons et les articulations.

i, re, ou, ste, é, cue, u, te, cu.

3.e LEÇON.

Phrase et mots.

il tâche de bien lire

Mots et syllabes.

il tâ che de bien li re

Syllabes, sons et articulations.

i | à | e | e | ien | i | e
l | t | ch | d | b | l | r

Exercice sur les sons et les articulations.

re, i, le, â, te, e, che, ien, be, de.

4.e LEÇON.

Phrase et mots.

il imite un modèle d'écriture

Mots et syllabes.

il i mi te un mo dè le d'é cri tu re

Syllabes, sons et articulations.

i | i | i | e | un | o | è | e | é | i | u | e
l | m | t | | m | d | l | d' | cr | t | r

Exercice sur les sons et les articulations.

re, i, le, un, de, me, te, o, è, cre, é.

5.ᵉ LEÇON.

Phrase et mots.

il cultive son jardin

Mots et syllabes.

il cul ti ve son jar din

Syllabes, sons et articulations.

i	u	i	e	on	a	in
l	c l	t	v	s	j r	d

Exercice sur les sons et les articulations.

te, de, cue, je, re, in, on, se, a, ve.

6.ᵉ LEÇON.

Phrase et mots.

il porte une fleur à sa mère

Mots et syllabes.

il por te u ne fleur à sa mè re

Syllabes, sons et articulations.

i	o	e u	e	eu	à	a	è	e
l	p r t	n	fl	r	s	m	r

Exercice sur les sons et les articulations.

ne, o, i, me, fle, è, le, u, pe, eu.

7.ᵉ LEÇON.

Phrase et mots.

il goûte sur le gazon

Mots et syllabes.

il goû te sur le ga zon

Syllabes, sons et articulations.

i	où	e	u	e	a	on
l	g	t	s r	l	g	z

Exercice sur les sons et les articulations.

re, a, gue, ze, où, on, i, e, u, se, te.

8.ᵉ LEÇON.

Phrase et mots.

il pêche à la ligne

Mots et syllabes.

il pê che à la li gne

Syllabes, sons et articulations.

i	ê	e	à	a	i	e
l	p	ch		l	l	gn

Exercice sur les sons et les articulations.

le, à, pe, i, che, a, gne, é, e.

NANCY.—IMPRIMERIE DE Vᵉ HISSETTE, RUE DE LA HACHE, Nᵒ 53.

9.ᵉ LEÇON.

Phrase et mots.

il se hâte de secourir son ami

Mots et syllabes.

il se hâ te de se cou rir son a mi

Syllabes, sons et articulations.

i	e	â	e	e	e	ou	i	on	a	i
l	s	h	t	d	s	c	r r	s		m

Exercice sur les sons et les articulations.

he, ou, de, â, on, me, e, le, a, se, cue.

10.ᵉ LEÇON.

Phrase et mots.

il va dire une prière

Mots et syllabes.

il va di re u ne pri è re

Syllabes, sons et articulations.

i		a	i	e	u	e		i	è	e
l	v		d	r		n	pr			r

Exercice sur les sons et les articulations.

le, è, ve, i, de, u, re, a, pe, ne, e, pre

11.ᵉ LEÇON.

Phrase et mots.

il se trouve à une grande fête

Mots et syllabes.

il se trou ve à u ne gran de fê te

Syllabes, sons et articulations.

i	e		ou	e	à	u	e		an	e	ê	e
l	s	tr		v			n	gr		d	f	t

Exercice sur les sons et les articulations.

i, se, ne, an, gre, fe, è, tre, à, ve

12.ᵉ LEÇON.

Phrase et mots.

il retourne à son travail

Mots et syllabes.

il re tour ne à son tra vail

Syllabes, sons et articulations.

i	e		ou	e	à		on		a		a
l	r	t		r	n		s		tr	v	il

Exercice sur les sons et les articulations.

e, ne, i, ou, on, à, re, ille, le, a, te

NANCY.—IMPRIMERIE DE Vᵉ HISSETTE, RUE DE LA HACHE, Nᵒ 53.

13.ᵉ LEÇON.

Phrases interprétées par les dessins qui précèdent.

victor va à l'école.
il écoute l'instituteur.
il tâche de bien lire.
il imite un modèle d'écriture.
il cultive son jardin.
il porte une fleur à sa mère.
il goûte sur le gazon.
il pêche à la ligne.
il se hâte de secourir son ami.
il va dire une prière.
il se trouve à une grande fête.
il retourne à son travail.

14.ᵉ LEÇON.

Mots extraits des phrases qui précèdent.

ami, va, à, sa, secourir, prière,
goûte, son, cultive, modèle,
un, l'instituteur, tâche, sur,
d'écriture, mère, écoute, ligne,
trouve, gazon, se, jardin, il,
retourne, pêche, lire, bien,
l'école, le, travail, une, victor,
imite, fête, fleur, hâte, de,
grande, la, porte.

15.ᵉ LEÇON.

Syllabes extraites des mots qui précèdent.

teur, cri, por, pri, tor, hà,
diu, gran, fleur, mo, pê, rir,
à, tour, co, le, sur, goû, li, i,
u, il, se, cou, mi, ti, trou, tu,
zon, jar, un, fè, ne, la, l'é, d'é,
l'in, gue, son, vic, re, va, de,
sa, a, tra, di, te, mè, ve, é,
che, sti, è, bien, cul, ga, vail,
tà, dè.

16.ᵉ LEÇON.

Sons et articulations extraits des syllabes qui précèdent.

ê, a, gne, ve, be, ste, à, pre,
à, ille, é, me, i, in, re, un, de,
che, ou, te, e, on, où, cue,
tre, he, ien, gre, an, fe,
gue, ne, è, fle, se, ve, o, le,
cre, u, je, pe, eu, de, ze.

NANCY.—IMPRIMERIE DE Vᵉ HISSETTE, RUE DE LA HACHE, Nᵒ 53.

17.ᵉ LEÇON.

Sons et articulations simples extraits des leçons qui précèdent.

Sons simples.

**a, é, è, ê, e, i, o, u,
eu, ou, an, in, on un.**

Articulations simples.

**pe, be, me, fe, ve. che, je, te,
de, se, ze, ne, le, ille, gne, cue,
gue, he, re.**

Exercice.

**he, an, le, è, ze, o, ne, in, ille,
un, me, é, fe, a, se, ou, pe, e, gne,
on, gue, eu, te, ve, è, be, i, che,
u, je, re, de, cue.**

18.ᵉ LEÇON.

Sons doubles composés avec les sons simples qui précèdent.

i	et a	réunis se prononcent	ia.
i	et é	. . . .	ié.
i	et è	. . . .	iè.
i	et o	. . . .	io.
i	et eu	. . . .	ieu.
i	et an	. . . .	ian.
i	et en (*in*)	. . . . .	ien (*ün*).
i	et on	. . . .	ion.
o	et a	. . . .	oa.
o	et i	. . . .	oi } diphtongues.
o	et in	. . . .	oin}
u	et é	. . . .	ué.
u	et i	. . . .	ui.
u	et in	. . . .	uin.
ou	et a	. . . .	oua.
ou	et é	. . . .	oué.
ou	et i	. . . .	oui.
ou	et in	. . . .	ouin.

19.ᵉ LEÇON.

Articulations doubles composées avec les articulations simples qui précèdent.

pe	et le	réunis se prononcent	ple
pe	et re	. . .	pre.
be	et le	. . .	ble.
be	et re	. . .	bre.
fe	et le	. . .	fle.
fe	et re	. . .	fre.
ve	et re	. . .	vre.
te	et re	. . .	tre.
de	et re	. . .	dre.
cue	et le	. . .	cle.
cue	et re	. . .	cre.
cue	et se	.	cse }
gue	et ze	.	gze } et s'écrivent xe.

20.ᵉ LEÇON.

(Suite)

gue	et le	. . .	gle.
gue	et re	. . .	gre.
pe	et se	. . .	pse.
se	et pe	. . .	spe.
se	et ve	. . .	sve.
se	et te	. . .	ste.
se	et cue	. . .	scue.
gue	et ne	. . .	gne.
pe	et ne	. . .	pne.
se	et phe (*fe*)	.	sphe (*sfe*).
phe	et te	. .	phte.
se, pe	et le	. .	sple.
se, te	et re	. .	stre.
se, cue	et re	. .	scre.

21.ᵉ LEÇON.

Résumé des sons et des articulations doubles qui précèdent.
Sons doubles.

ia, ié, iè, io, ieu, ian, ien, ion,
oa, oi, oin, ué, ui, uin, oua,
oué, oui, ouin.

Articulations doubles.

ple, pre, ble, bre, fle, fre, vre,
tre, dre, cle, cre, xe (cse ou
gze), gle, gre, pse, spe, sve,
ste, scue, gne, pne, sphe,
phte, sple, stre, scre.

Exercice.

ple, oué, ble, ouin, xe (cse ou
gze), ui, vre, oua, dre, gre,
uin, gle, oui, ste, oin, gne, oi,
pse, pne, oa, sple, ié, stre,
ieu, sve, ian, pre, ia, bre,
iè, spe, cre, io, fre, ien, tre,
ion, scre, cle, scue, sphe, phte,
fle, ué.

22.ᵉ LEÇON.

*Exercice général sur les sons et les articulations simples et doubles
qui précèdent.*

i, fre, ian, stre, ia, ou, he,
sple, a, le, è, ble, uin, sve, u,
io, cue, gre, on, me, gue, vre,
oui, dre, ille, e, scre, oué,
sphe, o, gne (ar. d.), ué, ne, oua,
gle, eu, xe (cse ou gze), gne (ar. s.),
ieu, ié, be, oa, scue, ouin,
pse, é, ve, oin, iè, ste, ien,
je, an, ple, cle, pne, in, pre,
phte, re, cre, ui, ze, un, tre,
fe, ion, bre, ê, pe, che, te, de,
se, spe, oi, fle.

23.ᵉ LEÇON.

*Mots et phrases composés avec les sons et les articulations simples
et doubles qui précèdent.*

le tien ou le mien.—un bloc de
marbre.—le neuf juin.—une petite fleur.—on a peur du boa.—
une jeune plante.—un pré inon-
dé.—un jupon ouaté.—une carpe
frite.—une couleur obscure.—le
milieu du jour.—oui, papa.—une
branche de chêne.—la première
porte.—du sucre candi.—le lion
a une tête énorme.—un témoin
venu de loin.—une petite fiole.—
une grande rivière.—de la viande cuite.—un travail utile.—la loi

24.ᵉ LEÇON.

(Suite)

ou le roi.—une constante amitié.—on glane le blé.—une struc-
ture élégante.—une clé de montre.—un livre à lire.—on scru-
tera ta conduite.—une sphère
droite.—une étoile fixe.—on
lève un store.—un fiacre loué.—
ni lui, ni toi, ni moi.—un agnus-
castus.—un marsouin.—une petite spatule.—peu d'exactitude
à venir à l'école.—on ne trouve
guère pne oué, sve, phte, ué,
pse, sple.

NANCY.— IMPRIMERIE DE Vᵉ HISSETTE, RUE DE LA HACHE, Nᵒ 53.

25.ᵉ LEÇON.

Alphabet (1) et dénominations usuelles des lettres (2) avec leur prononciation (3).

(1)	a	b	c	d	e	f
(2)	a	bé	cé	dé	é	effe
(3)	a	bé	sé	dé	é	éfe

g	h	i	j	k	l
gé	ache	i	ji	ka	elle
jé	ache	i	ji	ca	éle

m	n	o	p	q	r	s
éme	éne	o	pé	qu	erre	esse
éme	éne	o	pé	cu	ére	ése

t	u	v	x	y	z
té	u	vé	icse	i grec	zède.
té	u	vé	icse	i gréc	zède.

Exercice.

a b c d e f g h i j k l m n
o p q r s t u v x y z.

26.ᵉ LEÇON.

Distinction des voyelles et des consonnes.

Voyelles.

a e i o u *et* y.

Consonnes.

b c d f g h j k l m n
p q r s t v x z.

Exercice.

t o l h a g f n d b e
y j k u q i p r v m
c s z x.

27.ᵉ LEÇON.

Caractères romains.

a	b	c	d	e	A	B	C	D	E
f	g	h	i	j	F	G	H	I	J
k	l	m	n	o	K	L	M	N	O
p	q	r	s	t	P	Q	R	S	T
u	v	x	y	z	U	V	X	Y	Z.

Exercice.

B o P m e A i V n g E k M
f Z y Q p X I H D c a C h
G j q O T x v U d F r L
K s S u R t Y l N z J b.

28.ᵉ LEÇON.

Caractères italiques.

a	*b*	*c*	*d*	*e*	*A*	*B*	*C*	*D*	*E*
f	*g*	*h*	*i*	*j*	*F*	*G*	*H*	*I*	*J*
k	*l*	*m*	*n*	*o*	*K*	*L*	*M*	*N*	*O*
p	*q*	*r*	*s*	*t*	*P*	*Q*	*R*	*S*	*T*
u	*v*	*x*	*y*	*z*	*U*	*V*	*X*	*Y*	*Z.*

Exercice.

P r L A i O q S x C n V U
E o M l t R z G k Z p Q X a
e T Y b I N c J D d y B j
s H u g K m h F v f.

NANCY — IMPRIMERIE DE Vᵉ HISSETTE, RUE DE LA HACHE, N° 53.

29.ᵉ LEÇON.

Signes employés dans l'écriture.

Accents.

´   `   ^

Accent aigu.   *Accent grave.*   *Accent circonflexe.*

Exercice.

` ^ ´ ´ ` ^ ´ ` ^

Voyelles.

Brèves.		Longues.	
a	à	«	«
e *muet*	é *fermé*	è *grave*	ê *ouvert*
i	ì	«	î
o	«	«	ô
u	«	«	û

Exercice.

ô u e î è a û o é
û i é à û ì è a o
i e ô ê â u é à î ì

30.ᵉ LEÇON.

Exercice sur des mots dans lesquels entrent les voyelles brèves et les voyelles longues.

(*Il y a une différence bien sensible entre l'e muet dans le corps d'un mot, à la fin d'un mot et dans les monosyllabes.*)

de la pâte. du mal. abîmé. il a été. le hic. une urne. sur ma tête. le vôtre. du caractère. du zèle. la sévérité. la vanité. le mur. pêle-mêle. une côte. il sera. la dîme. le pôle. de la tôle. déjà. papa se hâte. falbala. alcool. je tire. une fine lame. le dîné. une fête. le gîte. le dû.

31.ᵉ LEÇON.

Apostrophe.

'

L'apostrophe marque la suppression des voyelles a, e, i, à la fin de quelques mots.

Exercice.

l'âme. j'admire. s'il parle.

Trait d'union ou tiret.

—

Le trait d'union joint deux mots qui sont censés n'en former qu'un.

Exercice.

gâte-pâte. tête-à-tête. par-là. porte-le. garde-malade. tire-lire.

Tréma.

¨

Le tréma se met sur les voyelles e, i, u, quand, précédées d'une autre voyelle, elles doivent se prononcer séparément.

Exercice.

poëte. naïf. haïr. saül.

32.ᵉ LEÇON.

Cédille.

ç

La cédille se place sous le c suivi de l'une des trois voyelles a, o, u, quand cette consonne doit prendre la valeur de s.

Exercice.

façade. déçu. or ça. reçu. il le menaça. il agaça.

Majuscules

A, B, C, D, etc. *A B C D*, etc.

Les lettres majuscules se placent au commencement des phrases et des noms propres de personnes, de lieux, etc.

Exercice.

(*Voir ailleurs pour les phrases*).

Bar-le-Duc. Épinal. René. Anatole. Jacob. Noël. Juda. Rome. Félix.

NANCY.— IMPRIMERIE DE Vᵉ HISSETTE, RUE DE LA HACHE, Nᵒ 53.

33.ᵉ LEÇON.

Épellation d'une consonne et d'une voyelle réunies, représentant isolément une articulation et un son simples, excepté X qui représente une articulation double.

(On doit nommer toutes les lettres et les accents en épelant).

b – a	ba	b – e	be	b – i	bi	b – o	bo	b – u	bu
c – a	ca	c-c ce *(se)*		c-i ci *(si)*		c – o	co	c – u	cu
d – a	da	d – e	de	d – i	di	d – o	do	d – u	du
f – a	fa	f – e	fe	f – i	fi	f – o	fo	f – u	fu
g – a	ga	g-e ge *(je)*		g-i gi *(ji)*		g – o	go	g – u	gu
h – a	ha	h – e	he	h – i	hi	h – o	ho	h – u	hu
j – a	ja	j – e	je	j – i	ji	j – o	jo	j – u	ju
k – a	ka	k – e	ke	k – i	ki	k – o	ko	k – u	ku
l – a	la	l – e	le	l – i	li	l – o	lo	l – u	lu
m – a	ma	m – e	me	m – i	mi	m – o	mo	m – u	mu
n – a	na	n – e	ne	n – i	ni	n – o	no	n – u	nu
p – a	pa	p – e	pe	p – i	pi	p – o	po	p – u	pu
r – a	ra	r – e	re	r – i	ri	r – o	ro	r – u	ru
s – a	sa	s – e	se	s – i	si	s – o	so	s – u	su
t – a	ta	t – e	te	t – i	ti	t – o	to	t – u	tu
v – a	va	v – e	ve	v – i	vi	v – o	vo	v – u	vu
x – a	xa	x – e	xe	x – i	xi	x – o	xo	x – u	xu
z – a	za	z – e	ze	z – i	zi	z – o	zo	z – u	zu

34.ᵉ LEÇON.

Épellation d'une voyelle et d'une consonne réunies, représentant isolément un son et une articulation simples, excepté X qui représente une articulation double.

a – b	ab	i – b	ib	o – b	ob	u – b	ub
a – c	ac	i – c	ic	o – c	oc	u – c	uc
a – d	ad	i – d	id	o – d	od	u – d	ud
a – f	af	i – f	if	o – f	of	u – f	uf
a – g	ag	i – g	ig	o – g	og	u – g	ug
a – l	al	i – l	il	o – l	ol	u – l	ul
a – p	ap	i – p	ip	o – p	op	u – p	up
a – r	ar	i – r	ir	o – r	or	u – r	ur
a – s	as	i – s	is	o – s	os	u – s	us
a – t	at	i – t	it	o – t	ot	u – t	ut
a – x	ax	i – x	ix	o – x	ox	u – x	ux
a – z	az	i – z	iz	o – z	oz	u – z	uz

Épellation de deux consonnes séparées par une voyelle.

b - a - l	bal	b - i - l	bil	b - o - l	bol	b - u - l	bul
d - a - r	dar	d - i - r	dir	d - o - r	dor	d - u - r	dur
f - a - l	fal	f - i - l	fil	f - o - l	fol	f - u - l	ful
m - a - l	mal	m - i - l	mil	m - o - l	mol	m - u - l	mul
n - a - r	nar	n - i - r	nir	n - o - r	nor	n - u - r	nur
p - a - r	par	p - i - r	pir	p - o - r	por	p - u - r	pur
r - a - c	rac	r - i - c	ric	r - o - c	roc	r - u - c	ruc
s - a - c	sac	s - i - c	sic	s - o - c	soc	s - u - c	suc
t - a - r	tar	t - i - r	tir	t - o - r	tor	t - u - r	tur
v - a - l	val	v - i - l	vil	v - o - l	vol	v - u - l	vul

35.ᵉ LEÇON.

Épellation de voyelles et de consonnes qui, étant réunies, représentent des sons simples.

VOYELLES

BRÈVES.		LONGUES.	
e - u	eu	e - û	eû
o - u	ou	o - û	oû
a - n	an	»	»
i - n	in	î - n	în
o - n	on	»	»
u - n	un	û - n	ûn

Exercice.

eû. în. on. eu. ûn. in. oû. un. ou. an.
eû. on. eu. în. an. oû. ûn. ou. in. un.

Épellation de consonnes et de voyelles qui, étant réunies, représentent, de la manière la moins compliquée, des articulations simples.

c – h – e . . . . che
i – l   il   *l – e   le* . i*lle*
g – n – e . . . . . gne

Exercice.

gne. che. il*le*. che. gne. il*le*.

36.ᵉ LEÇON.

Épellation de voyelles et de consonnes qui, étant réunies, représentent des sons doubles.

i-a . . . . . ia	o-i . . . . . oi	diphthongues.
i-é . . . . . ié	o i-n in . . . oin	
i-è . . . . . iè	u-é . . . . . ué	
i-o . . . . . io	u-i . . . . . ui	
i e-u eu . . ieu	u i-n in . . . uin	
i a-n an . . ian	o-u ou a . ouâ	
i e-n en *(in)*. ien	o-u ou é . . oué	
i o-n on . . ion	o-u ou i . . oui	
i-a . . . . . ia	o-u ou i-n in . ouin	

Exercice.

in. iè. ouin. ia. ion. oui. ié. oué. io.
ian. ouâ. ué. oâ. uin. ien. ieu. oi.
oin. uin. ion. ui. io. iè. oui. oâ.
oin. ia. ué. ouin. oué. oi. ien. ian.
ieu. ié. ouâ.

NANCY.—IMPRIMERIE DE Vᵉ HISSETTE, RUE DE LA HACHE, Nᵒ 53.

37.e LEÇON.

Épellation de consonnes qui, étant réunies, représentent des articulations doubles.

p-l-*e* . . . ple	t-r-*e* . . . tre
p-r-*e* . . . pre	d-r-*e* . . . dre
b-l-*e* . . . ble	c-l-*e* . . . cle
b-r-*e* . . . bre	c-r-*e* . . . cre
f-l-*e* . . . fle	c-s-*e* . . . cse (*xe*)
f-r-*e* . . . fre	g-z-*e* . . . gze (*xe*)
v-r-*e* . . . vre	g-l-*e* . . . gle

Exercice.

fle. cse (*xe*). tre. ple. pre. vre. gze (*xe*). ble. fre. cre. bre. cle. dre. fre. pre. ble. vre. ple. fle. cse (*xe*). tre. dre. cre. cle. bre. gze (*xe*).

38.e LEÇON.

(Suite.)

g-r-*e* . . . gre	p-r-*e* . . . pre
p-s-*e* . . . pse	s-p-h-*e* . . . sphe
s-p-*e* . . . spe	p-h-t-*e* . . . phte
s-v-*e* . . . sve	s-p-l-*e* . . . sple
s-t-*e* . . . ste	s-t-r-*e* . . . stre
s-c-*e* . . . scue	s-c-r-*e* . . . scre
g-n-*e* . . . gne	

Exercice.

sve. gne. sphe. gre. stre. pne. spe. scue. sple. pre. gle. phte. scre. ste. pre. stre. gne. scre. sple. gle. scue. sphe. ste. phte. spe. pne. gre. sve.

39.e LEÇON.

Épellation de syllabes et de mots où se rencontrent les manières les moins compliquées d'écrire tous les sons et toutes les articulations simples et doubles.

U n-e ne, une, r-o ro, b-e be, robe. L-a la, f-o-i foi. D-i-e-u Dieu. T-ê tê, t-e te, tête. F-l-e-u-r fleur. U-n un, p-r-ê prê, t-r-e tre, prêtre. O-u-i oui. C-r-i cri, m-e me, crime. S-a sa, b-r-e bre sabre. L-u-i lui. J-a ja, c-o-b cob, Jacob. L-e le, b-o-n bon, v-i-n vin, le bon vin. S-a sa, b-l-e ble, sable. J-u-i-n Juin. L'-a l'a, m-i mi, t-i-é tié, l'amitié. U-n un, l-i-è liè, v-r-e vre, lièvre. L-e le, g-a ga, z-o-n zon, gazon. X-e xe (*gze*). U-n un, p-i pi, o-n on, pion. U-n un, b-o bo, a, boa, un boa.

40.e LEÇON.

(Suite.)

Exercice d'épellation.

La vigne. Un bon peuple. Le chagrin. Un spasme. Fixe. L'ongle. Le son double ué. Ton jeune frère. Un livre de piété. Une strophe. Rien de stable. Un an. La clarté du jour. Loin de moi. Phte. Une sphère droite. Le diable. De la viande cuite. La hanche. Le spline. Sve. Une fiole. L'ordre. Scrutin. Oué. Agnus-castus. Gouache. L'obscurité. Sagouin. Un laps. Écrire à sa mère. Pne. La bonté. L'instituteur. Mourir.

NANCY.—IMPRIMERIE DE Vᵉ HISSETTE, RUE DE LA HACHE, N° 53.

41.ᵉ LEÇON.

Manières les plus communes d'écrire les sons simples

A, É, È, Ê, E; I, O, U, EU, OU, AN, IN, ON, UN.

A

a, a*s*, a*t*, a*ts*, ha, à, â, e.

Mon papa. Un repas frugal. Un jeune chat. Douze soldats. Un habile instituteur. Venir à l'école. Un cheval lâché. Obtenir une indemnité.

É

é, é*s*, ée, ée*s*, ée*nt*, hé, è, er, er*s*, e*t*, ez, ai, ai*s*, aie, aie*s*.

Ma bonté pour lui. Peu de degrés. Toute la journée. Onze coudées. Tous se récréent. Hélas! Un ami fêté. Il va se coucher. Douze bouchers. Le cheval et l'âue. Un nez épâté. Je lirai. Tu le sais. Peu de gaieté. Soirées gaies.

42.ᵉ LEÇON.

È

è, è*s*, é, e *devant certaines consonnes*, e*t*, e*ts*, ei, ai, ai*s*, ai*t*, ai*ts*, aie, aie*s*, aie*nt*, ois, oi*t*, oie*nt*.

Un bon élève. Près de lui. Un cortége. Un bec de plume. De l'est à l'ouest. Le chef de l'école. Un cep de vigne. Du sel.... Un poulet rôti. Des poulets rôtis. Un joli peigne. Un manche à balai. Je me tais. Il se tait. Douze portraits. Une plaie profonde. Des plaies profondes. Tous chantaient. J'écoutois. Il parloit. Tous pleuroient.

Ê

ê, ê*t*, ê*ts*, è, e*s*, e*st*, e, e*i*, aî, ai, oi.

Un jour de fête. Une grande forêt. Soldats prêts à partir. Mon père et ma mère. Es-tu mon ami? Il est vrai. La terre tourne autour du soleil. Un Maître d'école. Il paraît. Une faible santé. Une corde roide.

43.ᵉ LEÇON.

E

e, e*s*, e*nt*.

Je frappe. Tu frappes. Tous frappent.

I

i, i*s*, i*l*, i*ls*, i*t*, i*ts*, ie, ie*s*, ie*nt*, hi, î, i*t*, y.

Un ami fidèle. Des amis fidèles. Un baril de vin. Des barils de vin. Un bel habit. Des lits de parade. Une longue maladie. De jolies robes. Les écoliers étudient. Un hiver rude. Dîner à midi. On voulait qu'il écrivît. Il y a un an.

44.ᵉ LEÇON.

O

o, o*s*, o*t*, o*ts*, ho, ô, ô*t*, ô*ts*, au, au*x*, au*d*, au*ds*, au*t*, au*ts*, eau, eau*x*.

Un petit bobo. Vos propos. Un gros fagot. Les flots de la mer. Un prêtre honoré. A tour de rôle. Tantôt bien, tantôt mal. Les prévôts d'armes. Un pré fauché. Les chevaux de poste. Fait-il chaud? De gros crapauds. Il faut. Cachez vos défauts. Le drapeau tricolore. Des côteaux fertiles.

U

u, u*s*, u*t*, u*ts*, hu, ue, ue*s*, ue*nt*, eu, eu*s*, eue, eue*s*, eu*t*, eû, eû*t*.

Du blé barbu. Un refus mérité. Quel est votre but? Je n'ai que des rebuts. La pauvre humanité. Une rue mal pavée. Tu continues. Ils remuent. Tu l'as eu. Les plaisirs qu'il a eus. La peine que j'ai eue. Les peines que tu as eues. Il eut. Nous eûmes. Il faudrait qu'il eût.

NANCY.—IMPRIMERIE DE Vᵉ HISSETTE, RUE DE LA HACHE, N° 53.

45.ᵉ LEÇON.

EU.

eu, eux, eut, eue, eues.

Un peu d'eau. Des cheveux gris. Il pleut. Une robe bleue. Des robes bleues.

OU.

ou, ous, out, outs, oux, où, oue, oues, ouent.

Un seul sou. Tous vos livres. Tout le monde. Les deux bouts. Une méchante toux. Où demeurez-vous ? Il avoue. Tu avoues. Ils avouent.

AN.

an, ans, and, ands, ant, ants, am, em, en, ens, ent, ents.

Ma chère maman. De beaux rubans. Mon grand-père. Une caverne de brigands. Un cheval élégant. Élèves ignorants. L'ambre jaune. L'empire romain. Un enfant menteur. Aimez vos parens. Il ment. Les vertus et les talents.

46.ᵉ LEÇON.

IN.

in, ins, în, înt, im, ain, ains, aint, aints, eint, eints, eu, ens, ent.

Du vin nouveau. Des enfants malins. Vous vîntes. Il faudrait qu'il vînt. Une eau limpide. La main gauche. Des bains chauds. Il craint. Tous les saints. Un feu éteint. Des soldats peints. Le tien et le mien. Des chiens de garde. Il tient.

ON.

on, ons, ond, onds, ont, onts.

Un bon macaron. Aimons-nous. Un cheval blond. Par sauts et par bonds. Ils diront. Des monts élevés.

UN.

un, uns, unt, unts.

Un et un font deux. Les uns et les autres. Il est défunt. Faire des emprunts.

47.ᵉ LEÇON.

Manières les plus communes d'écrire les articulations simples

Pe, Be, Me, Fe, Ve, CHe, Je, Te, De, Se, Ze, Ne, Le, ILle, GNe, Cue, Gue, He, Re,

Pe.

p, ps, pe, pes, pent, pp, ppe, ppes, ppent.

Le pont neuf. Les caps de l'Europe. Un crêpe funèbre. Des groupes de promeneurs. Ils trompent. Bon appétit. Je frappe. Tu frappes. Ils frappent.

Be.

b, be, bes, beut, bb.

Le pauvre Job. Une barbe longue. Tu dérobes. Ils dérobent. Un jeune abbé.

48.ᵉ LEÇON.

Me.

m, m', me, mes, ment, mm, mme mmes, mment.

Mon cher ami. M'a-t-il vu ? Une arme à feu. Des larmes amères. Ils ferment la porte. Le commerce des vins. Je me nomme Charles. Des pommes d'api. Les soldats consomment de la poudre.

Fe.

f, fs, fe, fes, fent, fai, ff, ffe, ffes, ffent. ph, phe, phes, phent.

Un homme actif. Des canifs perdus. Une carafe en cristal. Des agrafes en or. Ils agrafent leur manteau. Des progrès satisfaisants. Affirmer le contraire. Une touffe de cheveux. Tu étouffes. Ils se chauffent. Louis-Philippe. Je triomphe. Tu triomphes. Ils triomphent.

NANCY.—IMPRIMERIE DE Vᵉ HISSETTE, RUE DE LA HACHE, Nᵒ 53.

49.ᵉ LEÇON.

Ve.

v, ve, ves, vent.

Buvons du vin. Un brave homme. Tu te laves. Ils se lèvent.

CHe.

ch, che, ches, chent.

Un chien couchant. Je cherche. Tu marches. Ils se fâchent.

Je.

j, j', je, g, ge, ges, gent.

Un joli joujou. J'aime mon maître. Oserai-je? Un gigot de mouton. Il mange. Tu le protéges. Ils nous jugent mal.

Te.

t, t', te, tes, tent, tt, tte, ttes, ttent.

Ta tête tombe. Tu t'en vas. Il agite la porte. Tu habites une tente. Ils se portent bien. Du fer battu. Une alouette ou une mauviette. Tu te grattes. Ils se battent.

50.ᵉ LEÇON.

De.

d, d', de, des, dent.

Midi et demi. Venez d'avance. Une corde tendue. Regarde tes camarades. Ils perdent leur argent.

Se.

s, s', se, ses, sent, ss, sse, sses, ssent, c, ç, c', ce, ces, cent, t.

Si je peux. S'il veut. Une bourse pleine. Tu danses. Ils pensent. Un barbare assassin. Une grosse bosse. Tu chasses aux bécasses. Ils passent et repassent. Celui-ci calcule. Un gros garçon. C'est cela. Grâce à ma place. Des pièces de canon. Ils ne se prononcent pas. L'ambition nous égare.

Ze.

z, ze, zes, zent. s, se, ses, sent.

Un gazon fleuri. On bronze le cuivre. Des gazes légères. Ils gazent leurs contes. La saison de la rosée. Il brise une rose. Lire des phrases. Ils abusent de sa complaisance.

51.ᵉ LEÇON.

Ne.

n, n', ne, nes, nent, nn, nne, nnes, nnent.

Un animal omnivore. N'as-tu rien vu? Je dîne. Tu dînes. Ils dînent. On te donna une couronne. Tu sonnes. Ils griffonnent.

Le.

l, ls, l', le, les, lent, ll, lle, lles, llent.

Un bel animal. Les cierges pascals. L'âme de l'homme. Un maître d'école. Des boules de neige. Ils brûlent. Aller en Allemagne. Ville capitale. Des semelles de souliers. Ils collent du papier.

ILle.

il, ils, ill, ille, illes, illent.

Il porte le deuil. De beaux éventails. Une bonne bouillie. Une grande fille. Des murailles renversées. Ils babillent en s'éveillant.

52.ᵉ LEÇON.

GNe.

gn, gne, gnes, gnent.

Le rossignol chante. Un ivrogne qui trépigne. Tu saignes. Ils craignent de saigner.

Cue.

c, cs, ch, cc, x, q, qu, qu', que, ques, quent.

Le coq et les poules. Des sacs d'argent. Êtes-vous chrétien? Il est accablé de besogne. Ne faites pas d'excès. Cinq élèves. Quiconque est riche est tout. Qu'avez-vous? Que voulez-vous? Tu m'attaques. Ils me brusquent.

Gue.

g, gu, gue, gues, guent, gg.

Un galon d'argent. Un malade guéri. Une bague en or. Tu prodigues. Ils se fatiguent. Aggraver un crime.

NANCY.—IMPRIMERIE DE Vᵉ RISSETTE, RUE DE LA HACHE, N° 53.

53.ᵉ LEÇON.

He.

(ou **H** *aspirée).*

La hache. La haie. La haine. Un visage hâlé. Un hameau. La hardiesse. Une harpie. La hauteur. Le héron. La hotte. La honte. La houlette. Du houx. Se hérisser. Henri. Le héros. Le hibou. Hâtivement.

(**H** *muette).*

(L'habitude. L'herbe. L'héroïsme. L'homme. L'honneur. J'hésite. Mon hommage. Inhumer. C'est mon heure. Abraham. L'huile. L'histoire. L'horloge).

Re.

r, rs, rd, rds, rt, rts, re, res, rent, rr, rre, rres, rrent.

Rire ou pleurer. Des désirs satisfaits. Un lézard vert. Les sourds et les aveugles. Il chante avec art. Tous mes efforts. Une jeune bergère. Les heures se passent. Ils espèrent le bonheur. Un jardin arrosé. J'abhorre la guerre. Tu serres. Ils serrent.

54.ᵉ LEÇON.

Différentes manières d'écrire les sons doubles

IA, IÉ, IÈ, IO, IEU, IAN, IEN, ION, OA, OI, OIN, UÉ, UI, UIN, OUA, OUÉ, OUI, OUIN.

IA.

ia, ias, ïa.

Un cocher de fiacre. Des accacias roses. Une naïade.

IÉ.

ié, iés, iéent, ied, ieds, ier, iers, iez, hier, hiers.

On a pitié des pauvres. Faites-lui mes amitiés. Les grâces siéent bien aux femmes. De pied en cap. Les pieds et les mains. Au premier jour. Les sous-officiers. Vous disiez mal. Mon cahier d'écriture. Mes cahiers d'orthographe.

IÈ.

iè, ie, hie.

Une fièvre tierce. Doux comme le miel. Un vieil avare. Avant-hier.

IO.

io, ïo, yo (*io*), yau (*ïau*), yaux (*ïaux*).

Une petite fiole. La baïonnette au bout du fusil. Bayonne est une ville de France. Un noyau de pêche. On cultive avec des hoyaux.

55.ᵉ LEÇON.

IEU.

ieu, ieue, ieues, ieux, ïeu, ïeux, yeux.

Il faut prier Dieu. Une lieue et demie. Faire cent lieues. Du haut des cieux. L'aïeul est le grand-père. Les aïeux sont les ancêtres en général. Les deux yeux.

IAN.

ian, ient, ients, iens, ïen, yen.

On coupe la viande. Un léger inconvénient. Peu d'inconvénients ou inconvéniens. Une Manufacture de faïence. Mayence est une ville d'Allemagne.

IEN.

ien, iens, ient, ïen, ïens.

Le bien et le mal. Je tiens. Il tient. Un Prêtre païen. Des Prêtres païens.

ION.

ion, ions.

Damer le pion. Perdre des pions.

56.ᵉ LEÇON.

OA.

oa.

Le boa est un serpent.

OI.

(Manières les plus communes d'écrire ce son double).

oi, oid, oids, ois, oit, oits, oix, oie, oies.

Toi et moi. As-tu froid? Les hivers sont froids. Trois fois trois font neuf. Il voit l'endroit. Des souliers étroits. La voix humaine. Le chien aboie. Les voies de la sagesse.

(Manières les moins communes d'écrire le même son).

hoi, oigt, oigts, eoi, eois, eoit, eoie, eoies, eoient, oî, oîs, oît, oîts, oy (*oï*), oye (*oie*), oyes (*oies*), oë.

Hoirie. Un doigt. Les doigts. Il faut t'asseoir. Asseois-toi. Il s'asseoit. Il faut que je surseoie. Il faut que tu surseoies. Il faut qu'ils surseoient. Un goître. J'accrois. Le surcroit. Les surcroits. Un royaume. Camboye. Troyes. Une boëte.

NANCY.—IMPRIMERIE DE Vᵉ HISSETTE, RUE DE LA HACHE, N° 53.

57.ᵉ LEÇON.

OIN.

oin, oins, oing, oings, oint, oints.

Il a soin du foin. On interroge les témoins. Un coup de poing. Les deux poings. Il n'y en a point. Deux bois joints.

UÉ.

ue.

Une écuelle de bois. Une statue équestre.

UI.

ui, uid, uids, uie, uies, nient, uis, uit, uits, hui, huit.

Lui et moi. Un muid de vin. Des muids de blé. Amer comme la suie. Les grandes pluies. Ils fuient. Depuis deux jours. Le raisin est un excellent fruit. Les nuits d'hiver sont longues. De l'huile d'olive. Ils sont huit mille.

UIN.

uin, uint.

Le mois de Juin. Le suint est une humeur.

58.ᵉ LEÇON.

OUA.

oua, ua.

L'ouate est un coton fin mis entre des étoffes. Les consonnes linguales.

OUÉ.

oue, ouet, ouets.

On fouette les chiens. Un coup de fouet. Des voituriers qui ont perdu leurs fouets.

OUI.

oui, ouis, ouï, ouïs, ouïe, ouïes.

Oui certes. Des chanvres rouis. Sur ouï-dire. J'ouïs. Perdre l'ouïe. Les poissons respirent par les ouïes.

OUIN.

ouin, ouins.

Le marsouin est le pourceau de mer. Les enfants mal propres sont appelés saguoins.

59.ᵉ LEÇON.

Différentes manières d'écrire les articulations doubles et triples

PLe, PRe, BLe, BRe, FLe, FRe, TRe, DRe, CLe, CRe, CSe, GZe, GLe, GRe, PSe, SPe, SVe, STe, SCue, GNe, PNe, SPHe, PHTe, SPLe, STRe, SCRe.

PLe.

pl, ple, ples, plent, ppl.

Ne pleure plus. Un superbe temple Les peuples de l'Amérique. Ils contemplent la création. C'est un supplice.

PRe.

pr, pre, pres, ppr.

Faisons nos préparatifs. Un pampre vert. Soyez propres. Apprendre la leçon.

BLe.

bl, ble, bles, blent.

Un bloc de marbre. La sainte bible. Tu trembles. Ils tremblent.

60.ᵉ LEÇON.

BRe.

br, bre, bres, brent.

Un brin d'herbe. Un grand nombre d'arbres. Des chambres garnies. Les chevaux se cabrent.

FLe.

fl, fle, fles, flent, ffl, ffle, ffles, fflent, phl.

Des flancs gonflés. Un clou de girofle. Tu enfles. Ils ronflent. Souffler la chandelle. Je souffle. Tu souffles. Ils soufflent. La phlogose est une inflammation.

FRe.

fr, fre, fres, frent, ffr, ffre, ffres, ffrent, phr, phre.

Une somme de cent francs. On soufre les allumettes. Aimez-vous les gaufres? Ils se balafrent. Il faut souffrir patiemment. Je vous offre mes services. Connaissez-vous les chiffres? Les malades souffrent. La phrase se compose de mots. Le camphre est une résine végétale.

NANCY.—IMPRIMERIE DE Vᵉ HISSETTE, RUE DE LA HACHE, N° 53.

61.ᵉ LEÇON.

VR*e*.

vr, vr*e*, vr*es*, vr*ent*.

Des ouvrages à l'aiguille. Poursuivre un lièvre. Ouvrez vos livres. Les ivrognes s'enivrent.

TR*e*.

tr, tr', tr*e*, tr*es*, tr*ent*, ttr, ttr*e*, ttr*es*, ttr*ent*, thr.

Restez tranquille. Les hommes doivent s'entr'aider. Votre montre va-t-elle? Tu entres. Ils entrent. Il a été attrappé. Promettre et tenir. Recevez-vous des lettres? Les anthropophages sont des hommes qui mangent leurs semblables.

DR*e*.

dr, dr*e*, dr*es*, dr*ent*.

Une scène attendrissante. L'ordre est la lumière. Des fruits tendres. Ils encadrent des tableaux.

CL*e*.

cl, cl*e*, cl*es*, cl*ent*.

La clarté du jour. Je sarcle. Tu sarcles. Ils sarclent.

CR*e*.

cr, cr*e*, cr*es*, cr*ent*, ccr, chr.

Faire crédit. Convaincre les auditeurs. Tu sucres la tarte. Accrocher un jambon. Le Christ est mort pour nous racheter.

62.ᵉ LEÇON.

CS*e*.

cs, x, x*c*, x*e*, x*es*, x*ent*.

Icse et i grec. Suivez les maximes de la sagesse. Ne vexez pas vos voisins. Le travail excite l'appétit. Je fixe. Tu fixes. Ils fixent.

GZ*e*.

x, x*h*.

Les examens sont exigés. Les roses exhalent une bonne odeur

GL*e*.

gl, gl*e*, gl*es*, gl*ent*.

Glisser sur la glace. Une tendresse aveugle. Des épingles à friser. Les parents s'aveuglent sur les défauts de leurs enfants. Saint Claude.

GR*e*.

gr, gr*e*, gr*es*, gr*ent*.

Un grand chagrin. Le gras et le maigre. Tu dénigres. Ils dénigrent.

PS*e*.

ps, ps*e*, ps*es*, ps*ent*.

Les psaumes de la pénitence. Une éclipse de soleil. Des éclipses de lune Les uns éclipsent les autres.

63.ᵉ LEÇON.

SP*e*.

sp.

L'acteur et les spectateurs. Un spectre hideux.

SV*e*.

sv.

Une taille svelte, c'est-à-dire déliée, menue.

ST.

st.

Une statue équestre. Un stère de bois.

SC*ue*.

sc, squ, squ*e*.

Faire du scandale. Un squirre est une tumeur chronique, dure, indolente. Maigre comme un squelette.

GN*e*.

gn.

Une colonne gnomonique, c'est-à-dire chargée d'un cadran.

64.ᵉ LEÇON.

PN*e*.

pn.

Une machine pneumatique. Un remède pneumonique.

SPH*e*.

sph.

Le centre d'une sphère. Le sphinx est un monstre fabuleux.

PHT*e*.

pht.

La phthisie est une consomption lente.

SPL*e*.

spl.

Un repas splendide. Le spline anglais.

STR*e*.

str.

Un stratagème est une ruse de guerre.

SCR*e*.

scr.

Être scrupuleux sur son devoir. Aller au scrutin.

NANCY.—IMPRIMERIE DE Vᵉ HISSETTE, RUE DE LA HACHE, Nᵒ 53.

65.ᵉ LEÇON.

Manières les moins communes d'écrire les sons simples

A, É, È, Ê, I, O, U, EU, OU, AN, IN, ON, UN.

A.

ac, acs, ach, achs, ap, aps, ah! ag, am, ast, ath, ai,
ao, ea, eas, àt, àts.

Du tabac. Des tabacs. Un almanach. Des almanachs.
Du drap. Des draps. Ah cruel! Sainte Magdeleine
(*s'écrit encore sans g*). Les méchants seront damnés.
Saint Wast. Amurath. Douairière. Un paon. Tu mangeas. Il mangea. Un bât. Des bâts.

É.

ec, ed, eds, ef, efs, eh! es, hei, ë, ae,
ai, œ, ay (*aii*).

Becqueter. Le bled. Les bleds. La clef. Les clefs. Eh
mais! Vesly. Un heiduque. L'arche de Noë. Les fables
d'Aesope. Mon fils aîné. OEdipe. Payer des crayons.

66.ᵉ LEÇON.

È.

ect, ects, ept, ey, eys, he, ez, aix, aid, aids, hai,
hait, haits, ay, cai, eais.

Un profond respect. Je vous présente mes respects.
Sept-cents hommes. Le Dey d'Alger. Les Deys d'Alger. L'herbe des prés. Passy-lez-Paris. La paix ou la
guerre. Un visage laid. Des enfants laids. Un temps
haireux. Faire un souhait. Des souhaits accomplis.
Epernay est une ville de France. Le geai. Les geais.

Ê.

ecs, egs, oi, ois, oit.

Jouer aux échecs. Un legs. Être et paroître. Tu parois.
Le témoin comparoît.

I.

ict, icts, id, ids, ist, ix, iz, ic, ics, ig, his, hit, hie,
hies, hit, hì, ys, hy.

Amict. Amicts. Un nid. Des nids. Jésus-Christ. Six
perdrix. Une poule aux riz. Un cric. Des crics. Un
signet. Nous sommes trahis. Il trahit. Elle est trahie.
Elles sont trahies. Il faudrait qu'il ne trahît pas.
Voilà le hic. Saint Denys. L'hymen.

67.ᵉ LEÇON.

O.

oc, ocs, oh! om, on, op, ops, oq, ogs, oth, oths, hot,
hots, hò, oi, ao, aô, auld, ault, aulx, u.

Un broc. Des brocs. Oh! non. L'automne. Monsieur
et Madame. Du sirop. Des sirops. Un coq d'inde. Des
coqs d'inde. Un goth. Des goths. Un cahot. Des cahots. Un grand hôtel. Un oignon. Aoriste. La Saône.
Arnauld. Bertault. Une faulx. L'opium fait dormir.

U.

ul, uls, ux, ü, ù, ût, ûts, hut, huts, hue, hues.

Un cul-de-lampe. Des culs-de-lampe. Le flux de la
mer. Le roi Saül. Brûler de la paille. Il faudrait qu'il
courût. Des affûts de canons. Un bahut. Des bahuts.
Une cohue. Des cohues.

EU.

euf, eufs, eur, eurs, eù, heu, ue, œ, œu, œux, œud,
œuds, œuf, œufs, ai.

Un éteuf. Des éteufs. Monsieur. Messieurs. Un déjeûné. Que tu es heureux! Un cercueil. Un œil. Faire
un vœu. Des vœux. Un nœud. Des nœuds. Un œuf
frais. Des œufs frais. Faisons la paix.

68.ᵉ LEÇON.

OU.

oub, oud, ouds, oug, ougs, ould, ouls, oup, oups, où,
oùl, oùls, oùt, oùts, aou, aoul, aouls, août, ol, ols, u.

Un radoub. Il coud. Tu couds. Un joug. Des jougs.
Saint-Arnould. Le pouls. Un loup. Des loups. Je
goûte. Il est soûl. Ils sont soûls. Le goût. Les goûts.
Se saouler. Il est saoul. Ils sont saouls. Le mois d'août.
Un sol. Deux sols. Un quaterne.

AN.

anc, ancs, ang, angs, han, ean, amp, amps, ham, cmp,
cmps, empt, cmpts, ems, end, ends, eng, cngs, aen,
aon, aons.

Un banc. Des bancs. Le rang. Les rangs. Une hante.
Saint-Jean. Un champ. Des champs. Un hambourg.
S'exempter. Le temps. Il est exempt. Ils sont exempts.
Le beau tems. Un différend. Des différends. Un hareng.
Des harengs. Caen. Un paon. Des paons.

NANCY.—IMPRIMERIE DE Vᵉ HISSETTE, RUE DE LA HACHE, Nᵒ 53.

69.ᵉ LEÇON.

IN.

in*c*, in*ct*, in*cts*, in*g*, in*gt*, in*t*, in*ts*, *h*in, ïn, ym, yn, aim, aim*s*, ain*c*, ain*cs*, ain*g*, eim, cin*g*, cin*gs*.

Explication succincte. L'instinct. Les instincts. Une vingtaine. Vingt mille. Il vint. Les quatre quints. Cahin-caha. Caïn tua Abel. Le tympan. Tomber en syncope. Un essaim d'abeilles. Des essaims. Il vainc. Tu vaincs. Parpaing. Reims. Un seing privé. Des seings privés.

ON.

on*c*, on*cs*, on*g*, on*gs*, *h*on, om, om*s*, om*b*, om*bs*, om*p*, om*ps*, om*pt*, om*pts*, *h*om, *a*on, *a*ons, *h*um, un.

Un jonc. Des joncs. Il est long. Ils sont longs. Un hongroyeur. Mon nom. Du plomb. Des plombs. Un compte. Tu romps. Il est prompt. Ils sont prompts. Le jeu de l'hombre. Un taon. Des taons. Un rhumb de vents. Une plante pungitive.

UN.

eun, *u*m, *u*m*s*, *h*um.

Il est à jeun. Un parfum. Des parfums. Demander humblement.

70.ᵉ LEÇON.

Manières les moins communes d'écrire les articulations simples

Pe, Ve, CHe, Te, De, Se. Ze, Ne, Se, ILle, Cue, Gue, Re

Pe.

b.

Un homme absurde. Un caractère obstiné. Une substance.

Ve.

f, w (*double* v).

Dix-neuf ans. Le Wolga est un fleuve de Russie.

CHe.

sch, *c*.

Faire schisme. Un schall. Du vermicelle.

Te.

th, *the*, *thes*, *pt*, *pte*, *ptes*, *ptent*, *ths*, *ts*, d.

Un athlète. L'amaranthe est une très-belle plante. Des agathes. Aller promptement. Un compte exact. Elles sont promptes. Ils comptent. Des luths. Des fats. Un grand homme.

71.ᵉ LEÇON.

De.

d*h*.

Adhérer à un traité. La force d'adhésion.

Se.

sc, *sce*, *sces*, *scent*, *sth*, x, z, *tz*.

Un sceau. J'acquiesce. Tu acquiesces. Ils acquiescent. L'asthme. Soixante-dix. La ville de Rhodez. La ville de Metz.

Ze.

x.

Deux enfans en bas âge. Tu peux espérer.

Ne.

mn, *mne*, *mnes*, *mnent*, *gn*, n*h*, n*s*.

Ame damnée. Je condamne. Tu condamnes. Ils condamnent. Un signet. Le bonheur. Les hymens.

Le.

l*h*.

Malheur à celui par qui le scandale arrive.

72.ᵉ LEÇON.

ILle.

gli, *ilh*.

Un imbroglio. Vivre en gentilhomme.

Cue.

k, *ck*, *cks*, *cch*, *cqu*, *cque*, *cques*, *cquent*, g.

Kilogramme. Un lock. Des locks. Ecchymose. Il abecqua. Il abecque. Tu abecques. Ils abecquent. Suer sang et eau.

Gue.

c, c*h*.

Le second volume. Un czar. Un drachme.

Re.

r*c*, r*cs*, r*f*, r*fs*, r*g*, r*gs*, r*n*, r*ps*, r*h*, r*rh*, r*rhe*, r*rhes*, r*rhent*.

Un clerc de notaire. Des clercs. Un cerf. Des cerfs. Un faubourg. Des faubourgs. Le Béarn. Le corps. Être enrhumé. Vieillard catarrheux. J'arrhe. Tu arrhes. Ils arrhent.

NANCY.—IMPRIMERIE DE Vᵉ HISSETTE, RUE DE LA HACHE, Nᵒ 53.

73.ᵉ LEÇON.

SIGNES DE LA PONCTUATION.

En général les signes de la ponctuation correspondent à certains silences et à certaines pauses observés dans l'acte de la parole.

- , Virgule.
- ; Point et Virgule.
- : Deux-points.
- . Point.
- ? Point d'interrogation.
- ! Point d'admiration.
- .... Traînée de points.
- — Trait de séparation.
- « » Guillemets.
- ( ) Parenthèse.

Exercice.

.   ;   ?   :   ....   « »   ,   ( )   —   !

74.ᵉ LEÇON.

Virgule.

,

La virgule sépare les parties similaires d'une phrase et toutes les expressions qui peuvent être détachées sans nuire au sens total.

Les poires, les pommes, les pêches, les raisins, sont de bons fruits.
Le chien est fidèle, intelligent, docile, vigilant, etc.
Il arriva ici, hier, à pied, nuitamment.

Point et virgule.

;

Le point et virgule sépare différens membres d'une grande phrase exprimant chacun un sens complet.

La douceur est, à la vérité, une vertu; mais elle ne doit pas dégénérer en faiblesse.
Nous devons obéir à nos parens qui nous protègent; à nos maîtres qui nous instruisent; au roi qui nous gouverne.

Deux points.

:

Les deux points se mettent après une phrase finie, mais suivie d'une autre qui sert à l'étendre et l'éclaircir.

Il ne faut jamais se moquer des malheureux: qui peut se flatter d'être toujours heureux?

75.ᵉ LEÇON.

Point.

.

Le point se met à la fin d'une phrase dont le sens est terminé.

Dieu a créé le ciel et la terre.

Point d'interrogation.

?

Le point d'interrogation se met à la fin d'une phrase qui exprime une interrogation.

Comment vous portez-vous? Quelle heure est-il?

Point d'exclamation.

!

Le point d'exclamation se met après les phrases qui expriment la surprise, la terreur, la pitié, la tendresse, etc.

Que je vous aime! Que le ciel est beau! Que vois-je!

Traînée de points.

......

La traînée de points marque une interruption, une réticence, un trouble.

Si je..... Voulez-vous me ..... Mais gardez-vous de .....

76.ᵉ LEÇON.

Trait de séparation.

—

Le trait de séparation annonce le changement d'interlocuteur.

Voulez-vous venir avec moi. — Où? — En ville. — Je le veux bien.

Guillemets.

« »

Les guillemets marquent une phrase ou un discours que l'on cite.

Voici ses dernières paroles: « Je vous recommande mes enfants. »

Parenthèse.

( )

La parenthèse marque une réflexion qui coupe le sens d'une phrase.

Une passion funeste (je veux dire le jeu) domine la plupart des gens oisifs.

Alinéa.

L'alinéa marque, comme on peut en juger en parcourant les tableaux 21 et 22 de cette méthode, les différens points de vue sous lesquels on envisage un sujet.

NANCY.—IMPRIMERIE DE Vᵉ HISSETTE, RUE DE LA HACHE, N° 53.

77.ᵉ LEÇON.

NUMÉRATION.

Noms de nombre.	Chiffres arabes.	Chiffres romains.
Un.	1.	I.
Deux.	2.	II.
Trois.	3.	III.
Quatre.	4.	IV.
Cinq.	5.	V.
Six.	6.	VI.
Sept.	7.	VII.
Huit.	8.	VIII.
Neuf.	9.	IX.
Dix.	10.	X.
Onze.	11.	XI.
Douze.	12.	XII.
Treize.	13.	XIII.
Quatorze.	14.	XIV.
Quinze.	15.	XV.
Seize.	16.	XVI.
Dix-sept.	17.	XVII.
Dix-huit.	18.	XVIII.
Dix-neuf.	19.	XIX.

78.ᵉ LEÇON.

(SUITE).

Noms de nombre.	Chiffres arabes.	Chiffres romains.
Vingt.	20.	XX.
Vingt-un.	21.	XXI.
etc.	etc.	etc.
Trente.	30.	XXX.
Quarante.	40.	XL.
Cinquante.	50.	L.
Soixante.	60.	LX.
Soixante-dix.	70.	LXX.
Quatre-vingts.	80.	LXXX.
Quatre-vingt-dix.	90.	XC.
Cent.	100.	C.
Cent et un.	101.	CI.
etc.	etc.	etc.
Deux cents.	200.	CC.
Trois cents.	300.	CCC.
Quatre cents.	400.	CD.
Cinq cents.	500.	D.
Six cents.	600.	DC.
Sept cents.	700.	DCC.

79.ᵉ LEÇON.

(SUITE).

Noms de nombres.	Chiffres arabes.	Chiffres romains.
Huit cents.	800.	DCC.
Neuf cents.	900.	CM.
Mille.	1,000.	M ou $\overline{\text{I}}$.
Mille et un.	1,001.	MI ou $\overline{\text{II}}$.
etc.	etc.	etc.
Deux mille.	2,000.	$\overline{\text{II}}$.
Trois mille.	3,000.	$\overline{\text{III}}$.
Quatre mille.	4,000.	$\overline{\text{IV}}$.
Cinq mille.	5,000.	$\overline{\text{V}}$.
Six mille.	6,000.	$\overline{\text{VI}}$.
Sept mille.	7,000.	$\overline{\text{VII}}$.
Huit mille.	8,000.	$\overline{\text{VIII}}$.
Neuf mille.	9,000.	$\overline{\text{IX}}$.
Dix mille.	10,000.	$\overline{\text{X}}$.
Dix mille et un.	10,001.	$\overline{\text{XI}}$.
etc.	etc.	etc.

80.ᵉ LEÇON.

Nombres écrits en chiffres arabes à énoncer.

6, 7, 4, 1, 8, 11, 17, 15, 25, 34, 26, 38, 31, 42, 45, 48, 50, 54, 58, 60, 62, 64, 69, 70, 75, 77, 82, 81, 83, 89, 86, 88, 91, 94, 93, 96, 55, 37, 100, 103, 108, 102, 111, 113, 122, 125, 146, 153, 180, 396, 666, 984, 777, 1,002, 5,041, etc.

Nombres écrits en chiffres romains à énoncer.

V, II, X, III, XII, XVIII, XVI, XXI, XX, XXIII, XXV, XXXII, XL, XLVII, LIII, LII, LXV, LXIII, LXVI, LXXI, LXXIV, LXXX, XC, LXXXV, CI, LXXXVI, CIV, CXC, CXIV, D, DX, DC, DCXLII, DCC, DCCLX, DCCLIV, $\overline{\text{II}}$, MMLXIV, MDCCCXXXIV, $\overline{\text{VIII}}$DCLIV, etc.

NANCY — IMPRIMERIE DE Vᵉ HISSETTE, RUE DE LA HACHE, N° 53.

81.ᵉ LEÇON.

LECTURE COURANTE.

PRIÈRES.

L'ORAISON DOMINICALE.

Notre Père, qui êtes aux cieux, que votre nom soit sanctifié, que votre règne arrive, que votre volonté soit faite en la terre comme au ciel. Donnez-nous aujourd'hui notre pain quotidien; et nous pardonnez nos offenses comme nous pardonnons à ceux qui nous ont offensés; et ne nous induisez point en tentation : mais délivrez-nous du mal. Ainsi soit-il.

LA SALUTATION ANGÉLIQUE.

Je vous salue, Marie, pleine de grâce: le Seigneur est avec vous: vous êtes bénie entre les femmes, et Jésus, le fruit de vos entrailles, est béni. Sainte Marie, mère de Dieu, priez pour nous, pauvres pécheurs, maintenant, et à l'heure de notre mort. Ainsi soit-il.

82.ᵉ LEÇON.

LE SYMBOLE DES APÔTRES.

Je crois en Dieu le Père tout-puissant, créateur du ciel et de la terre, et en Jésus-Christ son Fils unique notre Seigneur, qui a été conçu du Saint-Esprit, qui est né de la Vierge Marie, qui a souffert sous Ponce Pilate, qui a été crucifié, qui est mort, et qui a été enseveli, qui est descendu aux enfers, et le troisième jour est ressuscité d'entre les morts, qui est monté aux cieux, qui est assis à la droite de Dieu le Père tout-puissant, et qui de là viendra juger les vivants et les morts. Je crois au Saint-Esprit, la sainte Église catholique, la communion des Saints, la rémission des péchés, la résurrection de la chair, la vie éternelle. Ainsi soit-il.

83.ᵉ LEÇON.

LA CONFESSION DES PÉCHÉS.

Je confesse à Dieu tout-puissant, à la bienheureuse Marie toujours vierge, à saint Michel archange, à saint Jean-Baptiste, aux saints apôtres Pierre et Paul, à tous les Saints, (et à vous, mon père), que j'ai beaucoup péché par pensées, par paroles et par actions : c'est par ma faute, c'est par ma propre faute, c'est par ma très-grande faute ; c'est pourquoi je prie la bienheureuse Marie toujours vierge, saint Michel archange, saint Jean-Baptiste, les saints Apôtres Pierre et Paul, tous les Saints, (et vous, mon père), de prier pour moi le Seigneur notre Dieu.

Que le Dieu tout-puissant nous fasse miséricorde; qu'il nous pardonne nos péchés, et nous conduise à la vie éternelle. Ainsi soit-il.

84.ᵉ LEÇON.

LES COMMANDEMENTS DE DIEU.

1. Un seul Dieu tu adoreras,
   Et aimeras parfaitement.
2. Dieu en vain tu ne jureras,
   Ni autre chose pareillement.
3. Les dimanches tu garderas,
   En servant Dieu dévotement.
4. Tes père et mère honoreras,
   Afin de vivre longuement.
5. Homicide point ne seras,
   De fait ni volontairement.
6. Luxurieux point ne seras,
   De corps ni de consentement.
7. Le bien d'autrui tu ne prendras,
   Ni retiendras à ton escient.
8. Faux témoignage ne diras,
   Ni mentiras aucunement.
9. L'œuvre de chair ne désireras,
   Qu'en mariage seulement.
10. Biens d'autrui ne convoiteras,
    Pour les avoir injustement.

LES COMMANDEMENTS DE L'ÉGLISE.

1. Les fêtes tu sanctifieras,
   Qui te sont de commandement.
2. Les Dimanches la messe ouïras,
   Et les Fêtes pareillement.
3. Tous tes péchés confesseras,
   A tout le moins une fois l'an.
4. Ton créateur tu recevras,
   Au moins à Pâques humblement.
5. Quatre-Temps, Vigiles, jeûneras,
   Et le Carême entièrement.
6. Vendredi, chair ne mangeras,
   Ni le samedi mêmement.

NANCY.— IMPRIMERIE DE Vᵉ HISSETTE, RUE DE LA HACHE, N° 53.

85.ᵉ LEÇON.

LECTURE DU LATIN.

En lisant le latin on prononce toutes les voyelles et toutes les consonnes, si ce n'est dans certains cas particuliers dont la plupart se rencontrent dans la lecture du français.

PRIÈRES.
L'ORAISON DOMINICALE.

Pater noster qui es in cœlis, sanctificetur nomen tuum, adveniat regnum tuum, fiat voluntas tua, sicut in cœlo et in terra; panem nostrum quotidianum da nobis hodiè, et dimitte nobis debita nostra sicut et nos dimittimus debitoribus nostris, et ne nos inducas in tentationem, sed libera nos à malo. Amen.

LA SALUTATION ANGÉLIQUE.

Ave, Maria, gratiâ plena: Dominus tecum: benedicta tu in mulieribus, et benedictus fructus ventris tui Jesus.

Sancta Maria, Mater Dei, ora pro nobis peccatoribus, nunc et in hora mortis nostræ. Amen.

86.ᵉ LEÇON.

LE SYMBOLE DES APÔTRES.

Credo in Deum Patrem omnipotentem, Creatorem cœli et terræ; et in Jesum Christum Filium ejus unicum Dominum nostrum, qui conceptus est de Spiritu Sancto, natus ex Maria Virgine; passus sub Pontio Pilato: crucifixus, mortuus et sepultus; descendit ad inferos, tertiâ die resurrexit à mortuis: ascendit ad cœlos; sedet ad dexteram Dei Patris omnipotentis: indè venturus est judicare vivos et mortuos. Credo in Spiritum Sanctum, Sanctam Ecclesiam Catholicam, Sanctorum communionem, remissionem peccatorum, carnis resurrectionem, vitam æternam. Amen.

87.ᵉ LEÇON.

LA CONFESSION DES PÉCHÉS.

Confiteor Deo omnipotenti, beatæ Mariæ semper Virgini, beato Michaeli Archangelo, beato Joanni Baptistæ, sanctis Apostolis Petro et Paulo, omnibus Sanctis (et vobis, fratres), quia peccavi nimis cogitatione, verbo et opere, meâ culpâ, meâ culpâ, meâ maximâ culpâ. Ideò precor beatam Mariam semper Virginem, beatum Michaelem Archangelum, beatum Joannem Baptistam, sanctos Apostolos Petrum et Paulum, omnes Sanctos (et vos, fratres), orare pro me ad Dominum Deum nostrum.

Misereatur nostri, omnipotens Deus, et dimissis peccatis nostris, perducat nos ad vitam æternam.

Indulgentiam, absolutionem et remissionem peccatorum nostrorum tribuat nobis omnipotens et misericors Dominus. Amen.

88.ᵉ LEÇON.

LE DÉCALOGUE.

Ego sum Dominus Deus tuus qui eduxi te de terrâ Ægypti, de domo servitutis. Non habebis Deos alienos coram me; non facies tibi sculptile, neque omnem similitudinem quæ est in cœlo desuper et quæ in terrâ deorsum, neque eorum quæ sunt in aquis sub terrâ. Non adorabis ea, neque coles: ego sum Dominus Deus tuus, fortis, zelotes, visitans iniquitatem patrum in filios, in tertiam et quartam generationem eorum qui oderunt me, et faciens misericordiam in millia his qui diligunt me et custodiunt præcepta mea.

Non assumes nomen Domini Dei tui in vanum: nec enim habebit insontem Dominus eum qui assumpserit nomen Domini Dei sui frustra.

Memento ut diem sabbati sanctifices. Sex diebus operaberis et facies omnia opera tua. Septimo autem die, sabbatum Domini Dei tui est: non facies omne opus in eo, tu, et filius tuus, et filia tua, servus tuus et ancilla tua, jumentum tuum et advena qui est intra portas tuas. Sex enim diebus fecit Dominus cœlum et terram et mare et omnia quæ in eis sunt; et requievit in die septimo: idcirco benedixit Dominus diei sabbati et sanctificavit eum.

Honora patrem tuum et matrem tuam, ut sis longævus super terram quam Dominus Deus tuus dabit tibi.

Non occides.

Non mœchaberis.

Non furtum facies.

Non loqueris contra proximum tuum falsum testimonium.

Non concupisces domum proximi tui, nec desiderabis uxore mejus, non servum, non ancillam, non bovem, non asinum, neque omnia quæ illius sunt.

FIN.

NANCY.—IMPRIMERIE DE Vᵉ HISSETTE, RUE DE LA HACHE, Nᵒ 53.